JN024282

親鸞
くり返し読みたい

監修 釈 徹宗（浄土真宗本願寺派如来寺住職）
画 臼井 治

はじめに

日本を代表する僧の１人・親鸞の教えは、「阿弥陀さまを信じ、念仏を称《とな》えれば救われる」という、とてもシンプルなものです。しかし、その教えの奥には、救いに対する真摯な想いと、人の心の弱さに対する切実な悩みがありました。比叡山で修行に明け暮れる中で迷いが生じ、山を下りた親鸞は、法然の念仏の教えに触れ、慈悲深い阿弥陀さまは、弱く、迷いやすい人間を哀れに思って導いてくださると確信しました。やがて親鸞のもとには、志を同じくする仲間が集まるようになったのです。

厳しい修行の中で悩み、自らの迷いや煩悩と真剣に向き合ったからこそ、親鸞の言葉は私たちに寄り添って、自分の弱さと向き合う勇気をくれるのです。

本書が親鸞とあなたのご縁を結ぶ助けになれば、これに勝る幸いはありません。

目次

はじめに　3

第一章　自分と向き合う言葉

自分を偽らずに生きる　12
善悪は誰にも判断できない　14
人は何をするかわからない危うさを持っている　16
自分自身の中にある愚かさを見つめ、飾らず、偽らず、生きる　18
うまくいかない原因は自分の内にある　20
「悪いことはしない」と決めることも、仏さまを疑う心である　22
よい結果は自分だけで得たものではない　24
長いときをかけても心が定まらないこともある　26
どんな仕事をする人も 皆がともに生きている　28
私たちの中にある「悪」を消すことはできない　30
自分が無知であることを忘れない　32

「自分」を精一杯に生きる 34
正しいこともわからず、慈悲の心もない。 36
それでも人の上に立とうとしてしまう 36
[コラム]親鸞の生涯①比叡山での厳しい修行 38

第二章 悩みから抜け出す言葉

勇気を持って新たな道を進む 40
心に迷いがあるときには はからいを捨て、他力の道を進め 42
「誰がいったか」ばかりに注目しない 44
日々の行いが自分をつくる 46
相手を疑わず、素直な心で聞く 48
阿弥陀さまの智慧の輝かしい光は 苦しみや迷いの闇を打ち破る 50
一筋の光が暗闇を照らしてくれる 52
心が曇っていても必ず光は届く 54

「浄土へ往く」も「浄土から還る」も
阿弥陀さまが導いてくださる —— 56
思い通りに助けられないということを知る —— 58
「心を改める」は人生に一度だけ —— 60
「行い」と「心」は離れずにあるもの —— 62
真の教えと出遇うまでは諦めない —— 64
［コラム］親鸞の生涯 ②法然との出遇い —— 66

第三章　人とのつながりを感じる言葉

弟子も、ともに歩む仲間である —— 68
この世に生きる人は皆つながり合っている —— 70
道に迷ったら先人を訪ねて —— 72
出会いも別れも、自然にまかせる —— 74
よき友を大切に —— 76

阿弥陀さまには身を粉にして報い、師には骨を砕くほどの感謝を ― 78
「この道しかない」という覚悟で歩む ― 80
困っている人ほど心をかける ― 82
阿弥陀さまの救いを得るきっかけは 自分の心の弱さを知ること ― 84
ともに幸せになる道を見つける ― 86
偶然の出会いに感謝を ― 88
師や親を非難するのは罪である ― 90
耳の痛い意見にも耳を傾けて ― 92
誰もが乗れる大きな船のように阿弥陀さまはすべてを救ってくださる ― 94
[コラム] 親鸞の生涯 ③晩年の親鸞 ― 96

第四章　心を強くする言葉

自分の弱さを抱えて生きる　98
どんな修行もできない我が身には　地獄以外の住処が見当たらない　100
ゴールへ向かう道は1つではない　102
悩み苦しむ人ほど救われる　104
目の前の道を進むかは自分で決める　106
自力の心を捨てなければ、往生できない　108
決して逃れられない煩悩を抱えながら生きる　110
自分なりの方法で学ぶ　112
薬は、毒を飲むためのものではない　114
揺るがない真実はたった1つ　偽りには決して惑わされない　116
自分に恥じない生き方を　118
苦悩の多いこの世界も、捨てがたいもの　120
この世との縁がなくなれば、命も終わる　122

「自分は迷い続ける愚か者だ」と信じる　124
「必ず救ってくださる」と信じる　126
［コラム］親鸞の生涯④歎異抄とは　128

第五章　あるがままに生きるための言葉

理屈では説明できないものがある　128
いつも見守ってくださる力がある　130
お釈迦さまは私たちを導く父のように　132
阿弥陀さまは慈しみ深い母のように　134
心がよいから、よい行いをするのではない　136
仏さまからいただく信心で救われる　138
生き方が香りとしてはなたれる　140
よく考え、流されずに生きる　142
おのずと起こるはたらきを受け入れる

この世に生きるものすべてが 穏やかに、無事であることを願って — 144
与えられた信心で浄土に導かれる — 146
「この道を歩む」と決める — 148
「どう死ぬか」にこだわる必要はない — 150
厳しい場面でも権力にはすり寄らない — 152
あらゆるものを照らす阿弥陀さまの光は
苦を取り除き、安楽をもたらしてくれる — 154
地図 — 156
年表 — 158

第一章

自分と向き合う言葉

自分を偽らずに生きる

愚禿《ぐとく》が心《しん》は、内は愚にして外《ほか》は賢なり（愚禿鈔）

親鸞は自らのことを「愚禿釈の親鸞」と称し、「私の内面は愚かで煩悩にまみれているにもかかわらず、外見は賢いかのように振る舞っている」と記しています。いくら外見を取り繕っても、煩悩は絶えず私たちの内面にあり、止まることはありません。それを何とかごまかそうとするのも、私たちの愚かさゆえなのです。

親鸞は自らが凡夫《ぼんぷ》（智慧《ちえ》を持たない者）であることを自覚し、晩年になってもなお、自分の愚かな心を見つめ続けました。そこには、どんなに愚かであっても阿弥陀さまが救ってくださるのだという他力の教えがあったのです。

偽りのない自分の姿を見せるのは勇気がいるでしょう。しかし、身の丈に合わない飾りを1つずつ外していくと、次第に心も軽くなっていくことに気づくはずです。

善悪は誰にも判断できない

善悪のふたつ、総じてもつて存知せざるなり（歎異抄）

「何が善で、何が悪なのか、私はまったく知らないのだ」と親鸞はいいます。善や悪を完全に知り尽くしている阿弥陀さまならばその判断ができるでしょう。しかし、凡夫である私たちには何が真実であるかなどわかるはずがないのです。

現代の社会では、ＳＮＳなどを通じて誰もが自分の意見を発信することができます。それぞれが自分なりの「善」や「正義」をぶつけ合うことで分断を生み出し、争いに発展することも少なくありません。

親鸞は、私たちが行う善は不完全なものであるといいます。「今行おうとしている行為は、自分の都合が混ざっているのではないか」「人に善を押しつけているのではないか」。行動の前に一息ついて、自問してみてください。

人は何をするかわからない危うさを持っている

さるべき業縁《ごうえん》のもよほさば、
いかなるふるまひもすべし
（歎異抄）

私たちは自分の行いを自分自身で決定していると思いがちです。たとえば今現在、悪事に手を染めていないのは、自分が善人だからだと思ったりしていませんか。

しかし、「しかるべき縁があれば、人はどのような振る舞いもしてしまう」という親鸞の言葉の通り、私たちの誰もが縁によって悪に手を染めることもあります。これまで大きな罪を犯していないの

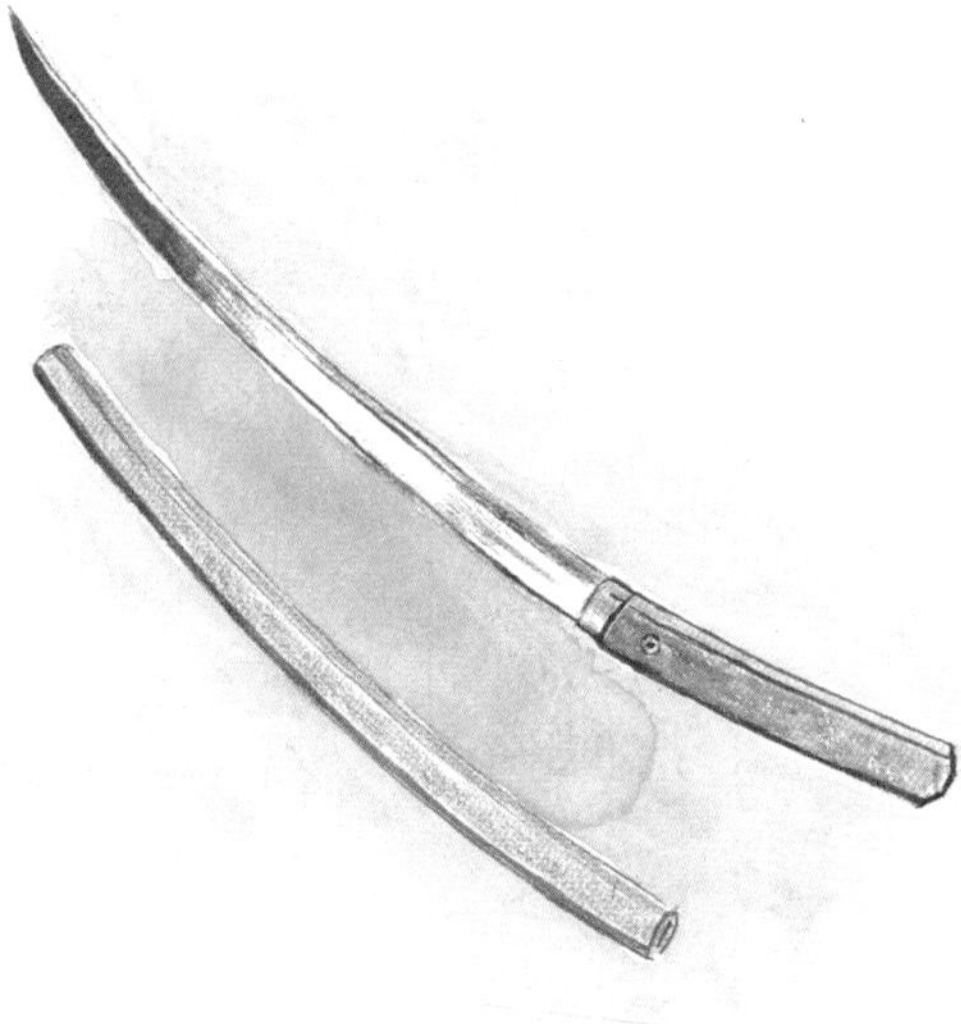

も、ただ縁がなかっただけだからなのです。
　この世にいる限り、これからも私たちは縁の中で生きていきます。「明日は何をしでかすかわからない」という自分の危うさを知ることで、同じように生きる他人に対しても心を寄せることができるでしょう。

故法然聖人は、「浄土宗の人は愚者になりて往生す」と候ひし
（末灯鈔）

自分自身の中にある愚かさを見つめ、
飾らず、偽らず、生きる

うまくいかない原因は自分の内にある

貪愛《とんない》の心つねによく善心を汚し、瞋憎《しんぞう》の心つねによく法財を焼く（教行信証）

「善心」とは、仏教が説く善き心を表す言葉です。親鸞は善心を汚してしまうのが、際限なくむさぼり続ける心（貪愛）だといいます。そして、思い通りにならないことに対する怒りや憎しみの心（瞋憎）は、仏となる可能性を持つ自分（法財）を焼き尽くしてしまうというのです。

たとえば、「自分らしく生きたい」と考えながら、他人を羨み、他人の生き方を真似しようとしていないでしょうか。「自分は正しい」という思いから、他人に対して怒りの矛先を向け、その刃で自分のことも傷つけていないでしょうか。

自分の人生がうまくいかないと思うときは、環境や境遇など、自分の外側に原因を求めるのではなく、自分の内側をじっくり見つめるときだといえるでしょう。

「悪いことはしない」と決めることも、仏さまを疑う心である

本願を疑ふ、善悪の宿業をこころえざるなり
（歎異抄）

親鸞は「悪人（煩悩から離れられない我々）こそ、阿弥陀さまの本願により救われる」と説きました。しかし、次第にこの教えを「阿弥陀さまの本願があるのなら、どんな悪いことをしてもよい」と曲解する人々が現れたのです。当然、このような過激な解釈をする人（本願ぼこり）は激しく批判されました。しかし、実は本願ぼこり、その批判者どちらもが「阿弥陀さ

まの本願を疑う態度であり、善悪の行いが過去の縁によるものだということをわかっていない」と教えたのがこの言葉です。

「どんなに悪いことをしても往生できる」、「悪いことをすれば往生できない」は、どちらも他力の道に反した考えです。阿弥陀さまの救いは自分の意思や行いを超えたところにあることを忘れてはなりません。

よい結果は自分だけで得たものではない

よきこころのおこるも、宿善のもよほすゆゑなり（歎異抄）

私たちはよいことが起これば、有頂天になって喜びます。悪いことがあれば落ち込み、どうしようもない怒りを他人にぶつけてしまうこともあるでしょう。しかし、仏教においては、よいことも悪いこともすべて過去から積み重ねられた業（宿業）によるものとされています。「よい心が起こるのも、過去から蓄積された善の働きによるものである」という言葉にあるように、私たちは、この世で宿業を引き受けながら生きているにすぎないのです。

ですから、よい結果にも「自分の努力によるものだ」と傲慢になってはいけません。また、つらい出来事で自分を責める必要もありません。起きていることを、ただありのままに見つめれば、善悪を超えた気づきを得ることもあるでしょう。

長いときをかけても心が定まらないこともある

定水《じょうすい》を凝らすといへども識浪《しきろう》しきりに動き、心月《しんげつ》を観《かん》ずといへども妄雲なほ覆ふ（嘆徳文）

「穏やかな水面のように心を鎮《しず》めようとしても煩悩の波はたえず動き、心に悟りの月を観ようとしても煩悩の雲に覆われて観ることができない」。若き親鸞は修行をしていた比叡山から琵琶湖を見下ろし、このように綴りました。どれほど修行し、悟りに近づこうとしても、煩悩によって遮《さえぎ》られる。親鸞の嘆きが現代を生きる私たちにも強く響いてきます。そして「今、ここで息絶えたら永遠の苦しみに沈むことになる」と確信した親鸞は、比叡山を下りる決断をしたのです。

長い時間を費やしても、結果が出ないことは誰の人生にもあります。そんなとき、苦しみを抱えながら耐え忍ぶことだけが正しいわけではありません。思い切って他の道を歩んだ先に、新たな縁がつながっていくこともあるのです。

れふし・あき人、さまざまのものはみな、いし・かはら・つぶての
ごとくなるわれらなり（唯信鈔文意）

どんな仕事をする人も
皆がともに生きている

私たちの中にある「悪」を消すことはできない

悪性さらにやめがたし　こころは蛇蝎《じゃかつ》のごとくなり（正像末和讃）

うまくいっている人を妬んだり、些細な出来事で相手を許すことができなかったり…。表面上はうまく取り繕っていても、心の中には真っ黒いものが渦巻いている。そんな自分に嫌気がさすということはありませんか。親鸞は、「私たちが生まれたときから持っている悪性はなくせないものであり、心は毒のある蛇やサソリのようである」といいます。そして「どんなによい行いをしたところで、煩悩という毒が混ざっているので、それは偽りの行為なのである」と述べています。

だからといって、よい行いをしないというのは浅はかです。自分の煩悩や弱さを抱えながら、よりよく生きる方法を見つけることもできるのです。

自分が無知であることを忘れない

善悪の字しりがほは
おほそらごとのかたちなり
（正像末和讃）

「よし悪しの文字を知らない人々は、皆自分が無知だと自覚した誠の人である。善悪を知ったような顔をした人は大嘘つきの姿である」という和讃の一節です。

知識を身につけるほど、傲慢な態度になり、上から目線で他人を批評する人がいます。「わからない」といえず、何でも知ったような顔をする人もいるでしょう。しかし、わからないことより、その

知ったかぶりの姿こそ恥ずべきものなのです。
　この和讃は、親鸞が88歳の頃の作とされています。親鸞が晩年になっても、自分の心を厳しい目で見ていたことがわかるのではないでしょうか。
　自分は無知であるということを知り、いつも謙虚でいること。このことは年齢を重ねるほど忘れないようにしたいものです。

「自分」を精一杯に生きる

それ自障は愛にしくなし、自蔽《じへい》は疑にしくなし（教行信証）

この言葉は中国の仏教書『楽邦文類』からの引用で、「自分らしくあるための障害は愛であり、自分らしさを覆い隠すものは疑いの心である」という教えです。仏教でいう「愛」とは、執着のこと。私たちは、普段から周りに対して様々な思いや期待を持って接しています。そして、それに応えてくれる都合のよい一面だけを「愛」して執着し、裏切られたり期待外れになったりすると「本当にこれで大丈夫だろうか」と疑問を感じ、不安に思うのです。

そうやって周りに振り回されると、本当の自分が覆い隠されて、どんどん不幸になってしまいます。それより、自分の人生を自分らしく精一杯に生きたほうが、心が穏やかになるのではないでしょうか。

是非しらず邪正《じゃしょう》もわかぬ　このみなり　小慈小悲もなけれども
名利《みょうり》に人師《にんし》をこのむなり（正像末和讃）

正しいこともわからず、慈悲の心もない。
それでも人の上に立とうとしてしまう

親鸞の生涯 ①比叡山での厳しい修行

親鸞は1173（承安3）年、京都の日野の里（現在の京都市伏見区）に下級貴族の長男として生まれたとされています。幼少期については不明な点が多いものの、親鸞が8歳になる頃に母である吉光女が死去したといわれています。

そして9歳になると、のちに天台宗の大僧正（最高位）となる青蓮院の慈円のもとで出家することとなります。

その後、親鸞は慈円とともに比叡山に入山し、沙弥《しゃみ》（未成年の見習い僧）として、戒律を固く守り、ひたすら仏教を学ぶこととなります。

9年間の見習いを経て、親鸞は天台の文献学などを学び、堂僧という厳しい精進が求められる役割に就きます。親鸞はそれでもなお懸命に修行に励みますが、どんなに悟りを求めても絶えず煩悩に支配される醜い自分の姿に絶望し、29歳のとき、ついに比叡山を下りる決意をするのです。

第二章
悩みから抜け出す言葉

勇気を持って新たな道を進む

しかるに愚禿《ぐとく》釈の鸞、
建仁辛酉《かのとのとり》の暦、
雑行を棄《す》てて本願に帰す
（教行信証）

親鸞は9歳で出家し、比叡山で約20年もの間修行を重ねました。しかしそれでもなお、自分の煩悩は消せないことに気づき、１２０１（建仁元）年、29歳のときに自力の教えを捨てて阿弥陀さまの本願に帰しました。そして、法然の「ただ念仏して、弥陀にたすけられまゐらすべし」という言葉に出遇い、他力の教えを支えに生きていくことを決意したのです。

誰にでも人生の転機は訪れます。長年歩み続けた道から大きく方向転換することにはためらいや戸惑いを感じることも多いでしょう。しかし、新しい一歩を踏み出すと、そこで出遇うものや人、言葉があなたをよりよい方向へ導いてくれるはず。勇気を持って自分の道を選択しましょう。

心昏《くら》く識《さとり》寡《すく》なきもの、敬ひてこの道《どう》を勉《つと》めよ（浄土文類聚鈔）

心に迷いがあるときには
はからいを捨て、他力の道を進め

「誰がいったか」ばかりに注目しない

人指をもつて月を指ふ《おし》、もつてわれを示教す、指を看視して月を視《み》ざるがごとし
（教行信証）

「あの月を見なさいといって指をさしているのに、人は指ばかり見て、月を見ていない」というこの言葉は、『大智度論』という書から引用されたもの。私たちが教えの内容ではなく、教えた人ばかりに注目していることをたとえています。

たとえば、自分の振る舞いについて誰かから指摘されたとき、好きな人の言葉なら素直に受け取れるのに、嫌いな人だと反発したり、怒りの感情が湧いてくることはないでしょうか。自分の気持ちを優先し、本質から目を背ければ私たちは何も学ぶことができません。誰が見てもそこに丸い大きな月があるように、教えはたった1つ。感情に左右されず、素直に物事を見られる心を育てたいものです。

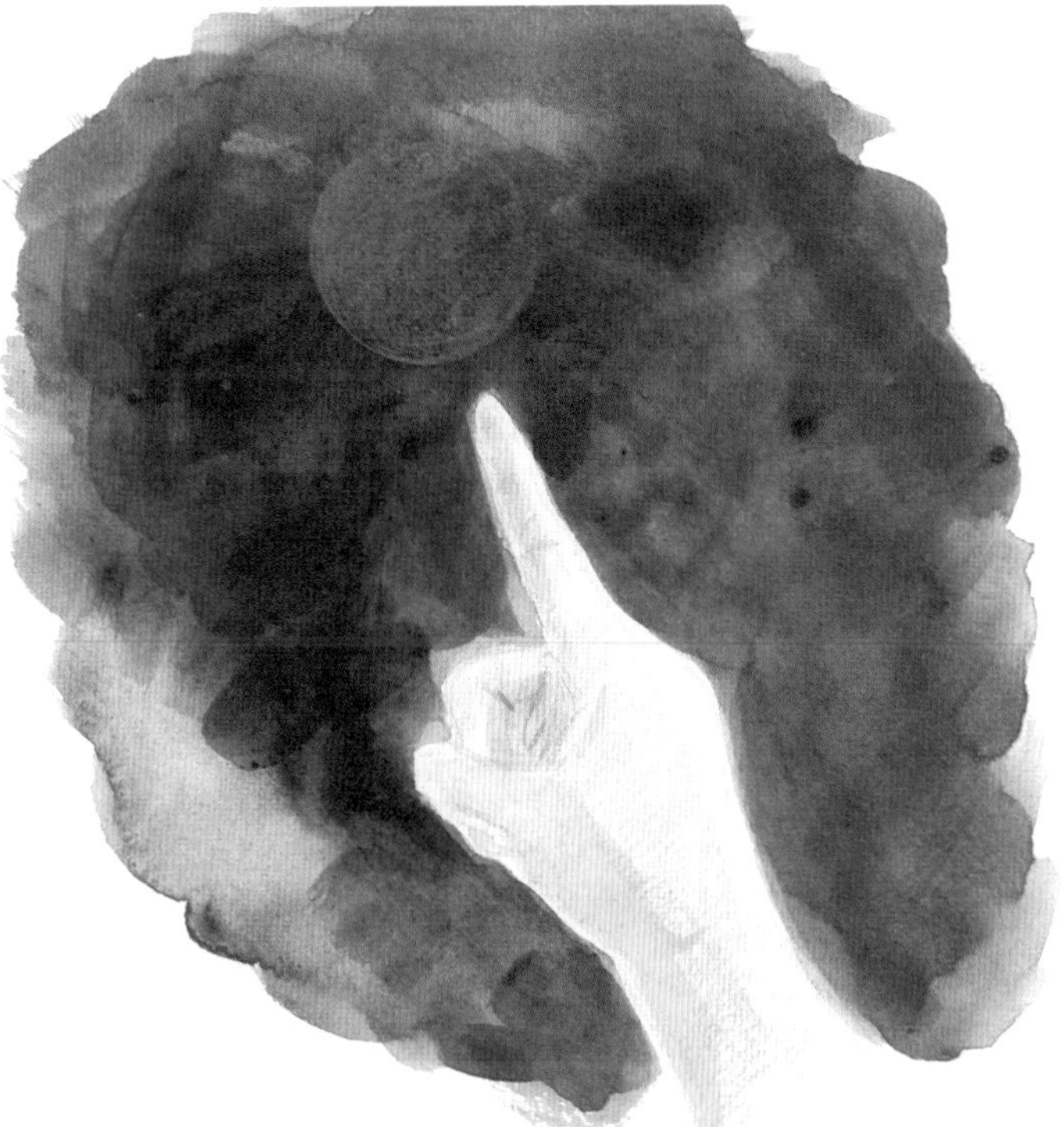

日々の行いが自分をつくる

卯毛・羊毛のさきにゐるちりばかりもつくる罪の、宿業にあらずといふことなしとしるべし
（歎異抄）

私たちが発する些細な言葉や、ちょっとした振る舞いにもそれまでの生き方が表れています。初対面の人との会話の中にも、その人の普段の考えや経験を垣間見ることができるでしょう。

親鸞は、「よきこころのおこるも、宿善のもよほすゆゑなり」（→24ページ）に続いて、「うさぎや羊の毛の先についているちりほどの小さな罪でも、前世、過去の行いによら

ないものはない」といいます。
どんなに小さなことでも、日々の行いや考えは積み重なって、自分自身をつくっていきます。年を重ねたとき、どんな自分になっているかは、現在の自分にかかっているのです。

相手を疑わず、素直な心で聞く

きくといふは、本願をききて疑ふこころなきを「聞《もん》」といふなり（一念多念文意）

「阿弥陀さまの声（教え）を疑う心を持たずに聞くことこそ、〝聞〟というのである」と親鸞はいいます。疑いのない素直な心で教えをいただくことができたとき、初めて真理にたどりつけるのです。

私たちは相手の言葉を聞いているつもりでも、いつの間にか自分の思いや感情がそれを上回ってしまうことがあります。相手に対して疑いの心を持っていると、自分のためにかけてくれた言葉にさえ、「私を陥れようとしているのかもしれない」など、曲がった解釈をしてしまいかねません。

他人の話を聞くとき、まずは、自分の考えを挟まずに素直な心で受け取ってみましょう。きっと、言葉だけでなく、相手の思いまで理解できるはずです。

三塗の黒闇ひらくなり　大応供を帰命せよ（浄土和讃）

阿弥陀さまの智慧の輝かしい光は
苦しみや迷いの闇を打ち破る

一筋の光が暗闇を照らしてくれる

難思《なんじ》の弘誓《ぐぜい》は難度海《なんどかい》を度《ど》する大船、無礙《むげ》の光明は無明の闇を破する恵日《えにち》なり
（教行信証）

阿弥陀さまの本願とは、「この世に生きるすべてのものを救う」という誓いのこと。この誓いは、荒れた海をわたる私たちを乗せてくださる大きな船のようなものです。そして、何にも妨げられることのない阿弥陀さまの智慧の光は、深い闇の中でどこへ向かえばよいのかわからず彷徨う私たちを穏やかに照らしてくれるのです。

闇によって視界を遮られた

私たちは様々な過ちをおかします。思い通りにならない苦しみを抱え、他人を傷つけることも多いでしょう。しかし、阿弥陀さまはそんな私たちにも分け隔てなく光を与えてくださいます。どんな深い闇にいても必ず一筋の光が差し込んでくるのです。そして、その光に照らされたとき、私たちは自分自身の姿にも初めて気づくことができるでしょう。

心が曇っていても必ず光は届く

たとへば日光の雲霧に覆はれるども、雲霧の下あきらかにして闇なきがごとし（正信偈）

私たちの心を曇らせるのは、貪愛（しがみつくような欲望や執着）や、瞋憎（自分の思い通りにならないことに対する怒りや憎しみ）といった煩悩です。こんこんと湧き出る煩悩は、私たちをすっぽりと覆い、それによって私たちは様々な苦しみから逃れられなくなっています。

しかし、空が厚い雲で覆われていても太陽の光が地面まで届くように、私たちの心にも阿弥陀さまの智慧の光は必ず届いているのです。厚い雲がかかっていても決して真っ暗闇ではないのです。

どんなにつらく苦しいときにも、必ず優しい光を見つけることができる。そう感じることで心はふっと軽くなるでしょう。

往還の回向は他力による（正信偈）

「浄土へ往く」も「浄土から還る」も
阿弥陀さまが導いてくださる

思い通りに助けられないということを知る

今生《こんじょう》に、いかにいとほし不便《ふびん》とおもふとも、存知のごとくたすけがたければ、この慈悲始終なし（歎異抄）

これは聖道門（自力）と浄土門（他力）の慈悲について親鸞が述べた言葉の一節です。聖道門の慈悲はすべてを哀れみ、慈しむことですが、思うがまますべてを救うことは困難です。一方、浄土門の慈悲は念仏して往生し、仏となってすべてを救うこと。ですから、この世にいる間は、どれほど不憫に思っても、心のままに助けることができません。私たちにできるのは念仏することだけなのです。

「誰かを救いたい」という気持ちは尊いものですが、それがかなわないとき、私たちは自分自身の無力を思い知らされます。それでも、ときに非力であるということを知りながらもなお、他人のために動ける人でありたいものです。

「心を改める」は人生に一度だけ

回心《えしん》といふこと、ただひとたびあるべし（歎異抄）

「今日もイライラしてしまった。明日こそは穏やかな心でいよう」などと誓いを立てることは誰にでもあるでしょう。しかし、あらゆることに回心する（心を改める）のは「悪を断ち切って、善をおさめれば浄土に往生できる」という自力の考えであり、他力の教えに反するものです。

他力の教えにおいて、悪い心を改める「回心」はたった一度だけだと『歎異抄』には述べられています。自力から他力の教えに転換するときのことを指します。「生き方を変える」というのは、私たちの人生に何度もありません。しかし、それまで信じていた教えに疑問を感じ、新たな道を見つけたときこそ、人生を大きく転換させるときなのです。覚悟を決め、思い切って舵を切りましょう。

「行い」と「心」は離れずにあるもの

行をはなれたる信は
なしときて候ふ。
また、信はなれたる行なしと
おぼしめすべし

（末灯鈔）

親鸞は行（念仏）と信（信心）は表裏一体のものであると考えていました。信心のない念仏も、念仏のない信心もニセモノであるということです。「念仏には無義をもって義とす」（↓128ページ）という言葉もある通り、他力の念仏は「念仏をすれば罪がなくなる」「浄土にわたるために念仏をする」というように、自分の都合で行うものではありません。そして、信心

もまた自分で起こすものではなく、仏さまからいただくものなのです。
私たちの日々の行いも、心が伴わなければ空虚なものとなります。普段の仕事にどれだけ心をこめられているでしょうか。相手への「ありがとう」という言葉ひとつにも心をこめれば、自分の気持ちも晴れやかになるでしょう。

真の教えと出遇うまでは諦めない

遇《あ》ひがたくしていま遇ふことを得たり、聞きがたくしてすでに聞くことを得たり

（教行信証）

親鸞は『教行信証』の序文で、「なかなか出遇えない教えに、やっと巡り遇うことができた。そしてそれを直に聞くこともできた」と、法然の教えに出遇った際の感動を表しています。そして、この出遇いはインド・中国・日本の高僧の教えに導かれたものだとも述べています。厳しい修行の中で悩み苦しみながらも、真の教えを求め続けたからこそ、生き方を変えるような出遇いを得られたのでしょう。

誰にでも、何をやってもうまくいかないときや、将来に対して不安になるときがあるでしょう。しかし、そんなときでも諦めず少しずつ歩みを続けましょう。その道のりで得た小さな縁が、かけがえのない出遇いへとつながっていくのです。

親鸞の生涯 ②法然との出遇い

親鸞の転機となったのは、京都の六角堂への参籠《さんろう》です。六角堂は悩みを抱える人が夢告を授かるといわれていました。親鸞は自分がどうすべきかの答えを求め、必死に観音菩薩に問い、95日目の暁、夢の中でこう告げられたのです。「もしあなたが過去からの業によって女性を求めるなら、私が女性となって寄り添い、あなたを浄土に導きます。このことを人々に説き聞かせなさい」。

夢告をきっかけに親鸞は市井で念仏の教えを説く法然を訪ねます。そして、苦悩から解き放たれた法然の姿に心を奪われ、門下に入ることとなりました。

親鸞は法然から学ぶうち、自分が阿弥陀さまに救われようとするのではなく、阿弥陀さまに身をまかせ、その名を呼ぶだけでよいのだという教えに出遇ったのです。この出遇いこそ、親鸞にとって生涯最大の回心(大転換)でした。

第三章

人とのつながりを感じる言葉

弟子も、ともに歩む仲間である

親鸞は弟子一人ももたず候ふ（歎異抄）

親鸞には『歎異抄』の著者とされる唯円《ゆいえん》のほか、多くの弟子がいました。しかし、親鸞は「弟子は1人も持っていない」というのです。それは、仏さまの前ではどんな人も同じ道を歩む者であり、そこに優劣など存在しないということ。様々な派閥で弟子を囲いこんだり、宗派間で争いをくり広げていた当時の風潮を批判する言葉でもあります。

現代に生きる私たちも、立場が上がるにつれて部下や後輩ができたり、物事を教えることが増えてきます。しかし、視点を広げてみれば、皆が同じ目標に向かって進む仲間ともいえるはず。傲慢になることなく、ともに歩む姿勢を大切にしましょう。

この世に生きる人は皆つながり合っている

一切の有情《うじょう》はみなもつて世々生々《せせしょうじょう》の父母《ぶも》・兄弟なり（歎異抄）

「生きとし生けるものはすべて輪廻転生をくり返しているので、あるときは父母であり、あるときは兄弟なのである」というこの言葉は、命あるものが皆つながり合いながら生きていることを教えてくれます。

関係性の上下や、敵、味方などの表面的な区別は一時的なものにすぎません。たとえば今、自分が世話をしている子どもも、かつては父母であったかもしれません。今は何かしらの理由があって敵対する関係にある人とも、生命のどこかで深くつながり合っているかもしれないのです。

今、この同じ世界に生きる存在とのつながりを感じることができれば、自然と心は穏やかになり、身近にある小さな縁も大切にできるでしょう。

道に迷ったら
先人を訪ねて

前《さき》に生《うま》れんものは後《のち》を導き、
後に生れんひとは前を訪《とぶら》へ
（教行信証）

『教行信証』の最後の部分に記されたこの言葉は、中国の僧・道綽《どうしゃく》による『安楽集』から引用されたものです。「先に生まれた者は後からくる者を導き、後に生まれた者は先に生まれた者から学びなさい」という教えであり、親鸞はそれが次の世代、また次の世代へと、途切れることなく続くことを願いました。

人生の中で大きな壁にぶつかったとき、深い悲しみの底

から抜け出せないときは、１人で彷徨い続けるのではなく先人の教えを訪ねてみてください。両親、先生、先輩など、同じ道を通った人がいるかもしれません。

そして何より大切なのは、その教えを次の世代につなぐこと。年月を経て、若者が訪ねてきたら、惜しみなく与え、先へと導きましょう。

出会いも別れも、自然にまかせる

つくべき縁あればともなひ、はなるべき縁あればはなるる（歎異抄）

偶然の出会いから一生続くような縁もあれば、些細なことがきっかけで壊れてしまう縁もあります。仏教には「因縁生起」という教えがあり、すべての物事には必ずそれを生む因（原因）と縁（条件）があるとされています。ですから、いくら自分が望んでいなくても、原因と条件がそろえば別離を止めることはできません。自分の都合で相手を追い詰めれば、ますます関係は悪くなるばかりでしょう。「つくべき縁があればともにし、離れるべき縁であれば別の道を歩む」という親鸞の言葉は、現代を生きる私たちにとって、人間関係を軽やかにするヒントとなるもの。一度離れた縁も、いつかまたどこかでつながることがあるかもしれません。すべては大きな流れのはたらきに任せるという姿勢でいればよいのです。

よき友を大切に

善知識・同行には
したしみちかづけとこそ
説きおかれて候へ
（親鸞聖人御消息）

「善知識」とは、よき友や、自分のことをよく知ってくれている人、教え導く人のこと、「同行」は同じ教えのもとに結ばれた仲間を指す言葉です。親鸞は善知識や同行とは親しみ、そばにいるべきだと説き、彼らを侮ったり、軽蔑したりすることは重い罪であると非難しています。

仲間の励ましによってどん底から立ち直れることもあれば、身近な人の甘い言葉で思

わず道を踏み外しそうになることもあるでしょう。どんな人とつき合うかによって人生が大きく変わります。お互いの生き方を尊重しながら、よい影響を与え合うことのできる人こそ、あなたにとっての善知識です。

思いやりを忘れず、いただいた縁を大切にしましょう。

如来大悲の恩徳は　身を粉にしても報ずべし
師主知識の恩徳も　ほねをくだきても謝すべし（正像末和讃）

阿弥陀さまには身を粉にして報い、
師には骨を砕くほどの感謝を

「この道しかない」という覚悟で歩む

たとひ法然聖人にすかされまゐらせて、念仏して地獄におちたりとも、さらに後悔すべからず候ふ（歎異抄）

親鸞は教えを乞いに来た人たちに向け、「たとえ法然聖人に騙されて、念仏して地獄に落ちてしまったとしても、後悔することはない」といいました。「他の修行で仏になれるはずだった自分が、念仏をしたために地獄に行ったのであれば騙されたと思うかもしれない。しかし、どのような行も満足に行えない自分はもともと地獄行きの身であり、念仏の道しかない」というのです。

親鸞は厳しい修行に挫折し、絶望したからこそ、法然の説く念仏の道に光を見出しました。「自分にはこの道以外はないのだ」と確信したとき、その行き着く先がどのようなものであろうと、疑うことなく歩いていけるのです。

困っている人ほど心をかける

病子において心すなはちひとへに重きがごとし。大王、如来もまたしかなり（教行信証）

この言葉は『涅槃経』という経典から引用されたものです。「7人の子どものうち、1人が病気になれば、親の心は平等であっても病気の子にはひときわ心をかけるものである。それは阿弥陀さまの心と同じことである」ということを表しています。阿弥陀さまの慈悲は平等であるからこそ、悩み苦しんでいる人を見つけ、救ってくださるのです。

私たちの社会ではときに、皆が平等でないことに対して不満を持つ人がいます。しかしそれはまったく違います。皆が同じ目の高さになるように心がけることで、公平でよりよい世の中になるのではないでしょうか。周りで困っている人がいれば、率先して声をかけてみてください。

「汝《にょ》是《ぜ》凡《ぼん》夫《ぶ》心《しん》想《そう》羸《るい》劣《れつ》」といへり、すなはちこれ悪人往生の機たることを彰《あらわ》すなり（教行信証）

阿弥陀さまの救いを得るきっかけは
自分の心の弱さを知ること

ともに幸せになる道を見つける

証《しょう》といふは、すなはち利他円満の妙果なり
（浄土文類聚鈔）

仏教の中心的な教えに「利他」があります。これは、他人の利益のために尽くすこと。すなわち、他人が往生できるように働きかけることを意味します。親鸞は、証（さとり）というものは、完全なる利他が実現する境地であるとしています。つまり、証を得ていない私たちの利他行為は不完全なものなのです。

そのことをよく自覚して、自分の利益と他人の利益が１

つになることを目指せばよいのではないでしょうか。たとえばボランティアを行うとき。それはただ困っている人を助けているのではありません。ボランティアを通して人と関わることで、自分自身も様々な学びや経験を得るでしょう。上から目線で他人を助けるのは、ただの自己満足にすぎません。相手と自分がともに幸せになる道を探すことが大切なのです。

偶然の出会いに感謝を

たまたま行信を獲《え》ば、遠く宿縁を慶《よろこ》べ（教行信証）

普段行かない場所で偶然出会った人と意気投合したり、書店で偶然手に取った本の中に悩みを解決するヒントが見つかったり…。私たちの人生の中には素晴らしい出会いがあふれています。しかし、仏教ではそれらもすべて偶然ではなく、因縁（→74ページ）によるものとされています。輪廻転生をくり返す中で、過去の様々な行いが「因」となり今の結果が表れているのです。

ですから「思いがけず真の教えに出遇うことができたならば、遠い過去からの縁を喜びなさい」というこの言葉のように、物事や人との出会いには感謝の気持ちを忘れないようにしましょう。たとえ自分の意思とは異なる結果であっても、それは深い縁で与えられたもの。いつかきっと、その意味を感じられるはずです。

師や親を非難するのは罪である

師をそしるものをば、謗法《ほうぼう》のものと申すなり。
おやをそしるものをば、五逆のものと申すなり（親鸞聖人御消息）

「謗法」は仏教の教えを非難すること、「五逆」は父や母を殺すことなどの5つの重い罪で、1つでも犯せば無間地獄に落ちるとされています。仏教では、師や肉親を非難したり、悪口をいったりすることはとても重い罪なのです。

師や親のおかげで成長させてもらったにもかかわらず、大人になるにつれて師の教えを軽んじたり、年老いた親を疎ましく思ったりすることはないでしょうか。自らを省みてそのような態度に気づいたら、未熟な自分がいかに師や親から多くのものを与えられたかを思い出してみてください。原点に立ち返ることで、謙虚さや素直さを取り戻すことができるでしょう。

耳の痛い意見にも耳を傾けて

無明煩悩しげくして　塵数《じんじゅ》のごとく遍満《へんまん》す
愛憎違順《あいぞういじゅん》することは　高峰岳山《こうぶがくさん》にことならず（正像末和讃）

「私たちの心の中には、無明（真理に暗く、無知であること）や煩悩がちりの数ほどあふれている。思い通りになるものは愛し、違うものは憎む。その起伏はまるで高い山や峰のように激しいものだ」。これは親鸞が私たちの自己中心的な心を嘆いた言葉です。

自分にとって都合の悪い意見に耳を傾けるのは難しいことかもしれません。しかし、たくさんの人と関わりながら生きていく上では、皆が違う考え方を持っているということを受け入れなければいけません。偏見のない心で物事を見られるようになれば、人間関係も穏やかになり、自分の成長にもつながるでしょう。

浄土真宗は大乗のなかの至極なり（末灯鈔）

誰もが乗れる大きな船のように
阿弥陀さまはすべてを救ってくださる

親鸞の生涯 ③晩年の親鸞

法然と出遇い、信仰を深める親鸞でしたが、仏教界では、次第に専修念仏への弾圧が強くなっていきました。そして、親鸞35歳のとき、専修念仏は上皇によって禁止され、教団は解散。法然、親鸞はそれぞれ流罪となったのです。親鸞は越後国・国府にて厳しい生活を送り、4年後、39歳のときに赦《しゃ》免《めん》されました。

親鸞はその後20年ほど関東で念仏の教えを広めますが、60歳を過ぎた頃、京都に戻ります。著書となる『教行信証』を完成させるためだったという説が有力視されています。

親鸞には妻子がいましたが、息子である善鸞《ぜんらん》は父の教えを曲解して広めたため、親鸞84歳のとき、親子の縁を絶つこととなります。

晩年になっても苦悩の中にあり、凡夫としての自分を見つめ続けた親鸞は90歳で往生しました。

第四章

心を強くする言葉

自分の弱さを抱えて生きる

悲しきかな愚禿鸞《ぐとくらん》、愛欲の広海に沈没《ちんもつ》し、名利の太山に迷惑して、定聚《じょうじゅ》の数に入ることを喜ばず、真証の証《さとり》に近づくことを快《たの》しまざることを、恥づべし傷《いた》むべしと（教行信証）

「悲しいことに、愚かな私、親鸞は、果てしなく広い愛欲の海に沈み、名声や利益を貪るような欲望の山に迷い込み、浄土へ往生できる身になったことを喜ばず、悟りに近づくことをもうれしいと思わない。恥ずかしく、心が痛むことだ」。

親鸞は自身のことを愚禿と名乗り、様々な言葉で偽りのない自分の内面を語っていました。私たちは何かといえば、自分の弱さから目をそらし、他人の短所を指摘しがちです。しかし、自分の内面をよく観察すると多くの至らなさを発見するはず。それらを自覚すれば、本当に大切なことは何かが見えてくるはずです。

いづれの行もおよびがたき身なれば、
とても地獄は一定《いちじょう》すみかぞかし（歎異抄）

どんな修行もできない我が身には
地獄以外の住処が見当たらない

ゴールへ向かう道は1つではない

難行の陸路《ろくろ》、苦しきことを顕示して、易行の水道、楽しきことを信楽《しんぎょう》せしむ（正信偈）

「難行」は厳しい修行を積み、悟りを開くことを表します（自力の仏道）。これを実践できるのは限られた人だけです。それに対し、「易行」は誰もが実践可能な修行で、往生することができる道のことをいいます（他力の仏道）。

南インドの龍樹菩薩《りゅうじゅ》は、難行は険しい陸路をたった1人で歩くようなもの、易行は穏やかな水路を船に乗って旅するようなものだと喩えています。比叡山で厳しい修行を積んだ親鸞も、多くの人を救うための易行が必要だと考えたのです。

私たちの歩む人生にも様々な道があります。厳しい道に挫折したとしても、実は他にもゴールに到達できる道があるかもしれません。焦らずに、今できることをやってみましょう。

悩み苦しむ人ほど救われる

善人なほもつて往生をとぐ。
いはんや悪人をや
（歎異抄）

「善人でさえ浄土に往生できるのだから、まして悪人ならばいうまでもない」ということの言葉は、『歎異抄』の中でも最も有名なものの1つです。初めてこの言葉を聞く人は疑問を感じるかもしれませんが、この言葉こそ『歎異抄』を象徴するものであるといえるでしょう。

ここでいう「善人」とは、修行などにより自力で悟りを得ようとしている人のことで

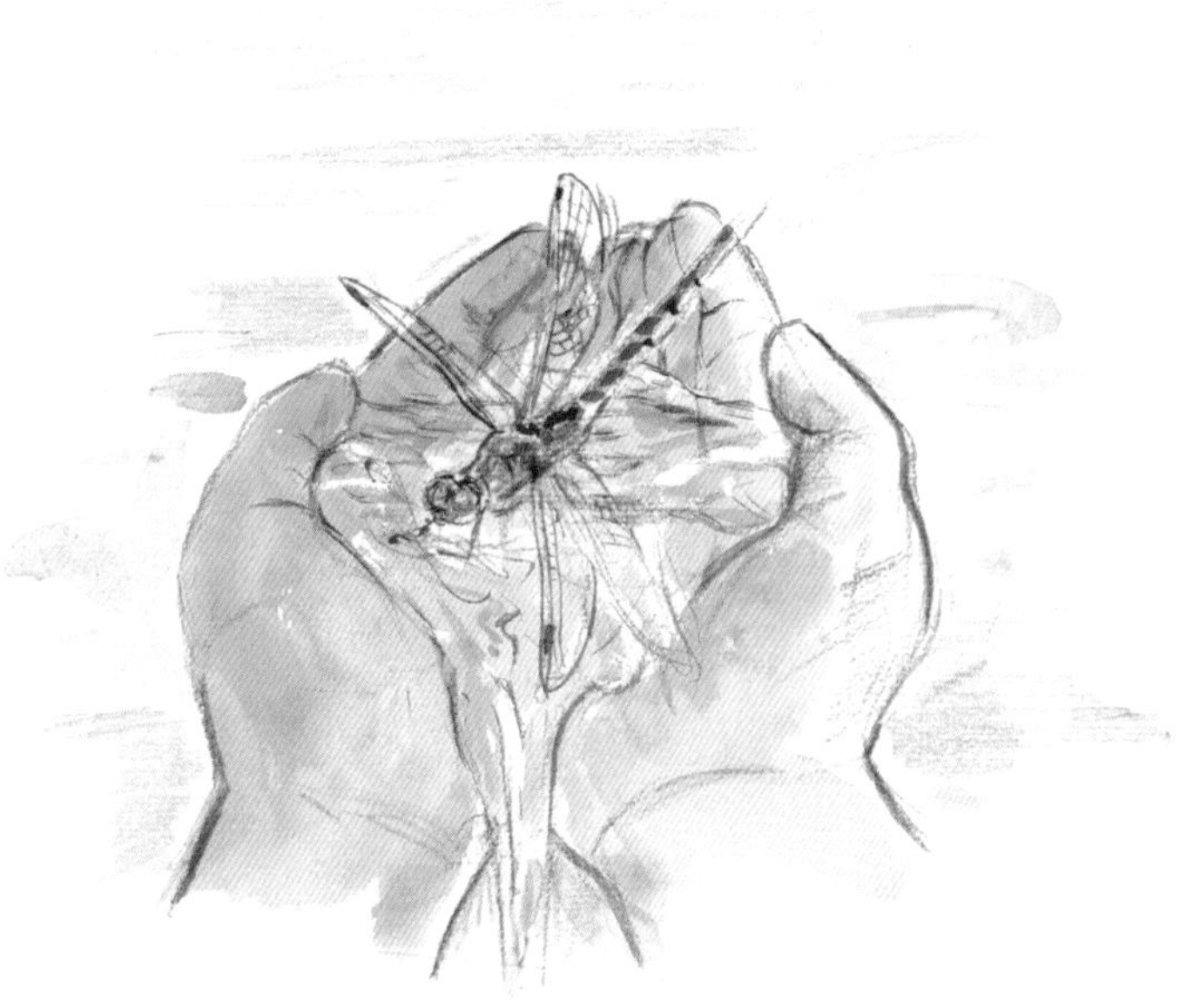

す。そして「悪人」は、様々な煩悩を抱えながら悩み、迷う人たちのこと。つまり私たちのことを表します。自力で往生しようとしている人さえも阿弥陀さまは救ってくださるのだから、苦しみの世界にいながら阿弥陀さまを頼る人ならば、なおさら往生できるということです。迷いながらも、必死に救いを求める私たちの手を、阿弥陀さまはまず先につかんでくださるのです。

目の前の道を進むかは自分で決める

詮ずるところ、愚身の信心におきてはかくのごとし。このうへは、念仏をとりて信じたてまつらんとも、またすてんとも、面々の御はからひなりと云々（歎異抄）

この言葉は、遠く離れた土地から命がけで親鸞を訪ねてきた人たちに対して、親鸞が述べた言葉の一節です。念仏以外の浄土へ往生する道を親鸞が知っているのではないかと疑う人たちに対し、親鸞は「それならば他のところで尋ねたらよい」といいました。そして、最後に「念仏を信じて歩んでいくのか、それとも念仏を捨てるのか、それはご自分で決めることです」と述べたのです。

ある教えに出遇ったとき、それを信じるかは自分次第。誰かに決められるものではありません。「本当にこれでよかったのか」と不安になることもあるでしょう。

しかし、地道にできることを行っていれば、いつか道はつながっていくのです。

自力の心を捨てなければ、往生できない

日ごろのこころにては往生かなふべからず（歎異抄）

『歎異抄』を執筆した唯円は、当時広まっていた「罪を犯すたびに懺悔し、回心しなければ浄土へ往生できない」という教えを批判し、回心というものは生涯にたった一度だけだと述べました（↓60ページ）。その「一度」とは、信心が定まったときのこと。他力の教えを知らなかった人が、日ごろ（これまで）の考えでは往生できないと知り、自力の心を捨てて、阿弥陀さまのはからいにお任せすることこそ回心だというのです。

阿弥陀さまは善も悪もなく、信心の定まった人をすべて救ってくださいます。自分の煩悩を何とか消そうとあがくよりも、今、ここにあるご縁に感謝しながら心穏やかに過ごしてみてはいかがでしょうか。

決して逃れられない煩悩を抱えながら生きる

煩悩、眼《まなこ》を障《さ》へて
見たてまつらずといへども、
大悲、倦《もの》きことなくしてつねに
われを照らしたまふといへり
（正信偈）

もっと欲しいと常に求め続け、満足することのない「欲」、心にめらめらと湧き上がってくる「怒り」、他人への妬みやそねみを表す「愚痴」。これらは三毒といわれる代表的な煩悩です。

9歳で仏門に入った親鸞は比叡山にておよそ20年も厳しい修行を続けましたが、煩悩が消えることはなく、下山後も生涯にわたって自身の心と向き合い、苦しみ続けたので

す。
私たちは皆、「煩悩具足の凡夫」であり、なくそうと思っても煩悩から離れることなどできません。しかし、煩悩によって視界を遮られた私たちのことを、阿弥陀さまは智慧の光で絶え間なく照らし続けてくださるのです。

自分なりの方法で学ぶ

もし行を学ばんと欲《おも》はば、かならず有縁《うえん》の法によれ（教行信証）

この言葉は、法然・親鸞に大きな影響を与えた中国の高僧、善導大師が著した『観経疏《かんぎょうしょ》』から引用されたものです。

仏教には2種類の学びがあります。1つは経典や論書を頼りに学問・研究として学ぶもの、そしてもう1つは修行・実践を通して仏教の教えを体得していくものです。この、「自分がどう生きるか」を学ぶ上で大切なのが、必ず自分自身にふさわしい方法を選ぶことであるといいます。

何かを学ぼうとするとき、背伸びしたり、他の人が成功した方法を真似したりしていると、必ずどこかでつまずいてしまいます。もし道の途中で違和感に気づいたら、一度立ち止まり、自分に合った道を選び直しましょう。

薬は、毒を飲むためのものではない

薬あり毒を好めと
候ふらんことは、あるべくも
候はずとぞおぼえ候ふ
（親鸞聖人御消息）

「薬があるからといってわざわざ毒を飲もうとするなど、あってはならないことだ」。これは、親鸞の教えを曲解し、誤った教えを広めようとする門弟に対して宛てた手紙の一節です。ここでいう薬とは阿弥陀さまの本願のこと。

親鸞はどんなに煩悩を抱えていても、阿弥陀さまを信じ、頼る人であれば必ず皆救われると説きました。しかし、だからといってこの世に生きて

いる間、いくらでも悪いことをしてもよいというのは大きな間違いなのです。
私たちは皆、欲望や怒り、妬みなどを抱えて生きています。しかしそれを正当化し、開き直るのは愚かなことです。自分の心の内と向き合いながら、どう生きるのか。たとえ行き着く先は同じだったとしても、悩み迷いながらコツコツ歩く道は必ずあたたかな光で照らされるでしょう。

真の言は偽に対し仮に対するなり（教行信証）

揺るがない真実はたった１つ
偽りには決して惑わされない

自分に恥じない生き方を

二つの白法《びゃくほう》あり、よく衆生《しゅじょう》を救《たす》く。一つには慚《ざん》、二つには愧《き》なり（教行信証）

これは、お釈迦さまが入滅された日の説法が記された『涅槃経《ねはんぎょう》』という経典から引用された言葉です。「慚」は内に向かって自らを深く恥じること、「愧」は他者に対して自らを恥じることを意味し、この2つの尊い教えが私たちを救ってくださるのだといいます。

仏教ではこの「慚愧」のない者は、人ではなく畜生であるといわれます。たとえば誰も見ていないからといって不正を働いたり、立場の弱い人に対して横柄な態度をとったり…そのような行動を続けていれば、恥を恥と思えなくなってしまうでしょう。あなたは今、自分自身に恥じない生き方をできているでしょうか。

自分を律することができるのは自分だけなのです。

苦悩の多いこの世界も、捨てがたいもの

久遠劫《くおんごう》よりいままで流転せる
苦悩の旧里はすてがたく、
いまだ生れざる安養浄土《あんにょうじょうど》は
こひしからず候ふこと、
まことによくよく煩悩の
興盛《こうじょう》に候ふにこそ
（歎異抄）

「はるか昔から今まで、ずっと生死をくり返してきたこの苦しみに満ちた世界は捨てがたく、まだ一度も訪れたことのない浄土を恋しく思うことができない。これは煩悩が盛んだからであろう」。この言葉は唯円と親鸞の対話の一節です。

親鸞は、「早く往生したいと思えず、少しでも病気になると死ぬのではないかと不安になるのも煩悩のせいであ

る」とも述べています。当時80歳を超えてもなお、自分の心の内を素直に語る親鸞の人柄が表れている言葉です。

私たちは誰しも、煩悩を捨てることなどできず、病や死を恐れ、救いを信じることはできません。しかし、大切なのは、苦悩や葛藤をなくすことではなく、そうした自分の弱さをごまかさず、きちんと向き合うことです。

この世との縁がなくなれば、命も終わる

なごりをしくおもへども、娑婆《しゃば》の縁尽きて、ちからなくしてをはるときに、かの土へはまゐるべきなり（歎異抄）

この言葉は１２０ページに続く一節です。「この世は捨てがたく、浄土に心惹かれない」と述べた後、「どんなに名残惜しくても、この世との縁が尽きればどうすることもできず命も終わり、浄土に往くことになる」と続けます。ここで親鸞は、どれほどこの世にしがみついても、やがて往生する日がやってくることを説いています。大切なのは、この世との縁がある間、どのように生きるのかです。

この世との縁がなくなれば、誰でも死を迎えます。私たちがそれをコントロールすることなどできません。ですから、日々を精一杯に過ごすこと。それにより今生かされていることへの感謝の気持ちも湧いてくるものです。

深心といふは、すなはちこれ深信の心なり（愚禿鈔）

「自分は迷い続ける愚か者だ」と信じる
「必ず救ってくださる」と信じる

親鸞の生涯 ④歎異抄とは

『歎異抄』は、親鸞の没後20〜25年ごろに完成した書物で、親鸞から直接教えを受けた唯円という人物が著者とされています。唯円は、親鸞の教え(他力の教え)が異なる解釈で広まっていることを嘆き、本来の思想を伝えるためにこの書を著しました。

「他力」とは、浄土真宗の根幹となる教えで、阿弥陀さまの本願によってどんな人も救われるという思想のこと。この書は、人々が自分の都合でその教えを曲げることなく、正しく理解するための手引きとなるものです。

『歎異抄』は、親鸞の語録やその解釈、親鸞と唯円の対話などによって構成されており、読者は苦悩の中に生きる親鸞の姿を鮮明に思い浮かべることができます。そして、「善人なほもつて往生をとぐ。いはんや悪人をや」(→104ページ)に代表される親鸞の鋭い言葉や、唯円のたぐい稀なる文章表現に惹きつけられ、現代でも多くの人に読み継がれているのです。

第五章
あるがままに生きるための言葉

理屈では説明できないものがある

念仏には無義をもつて義とす（歎異抄）

義とは「はからい」や「分別」を表す言葉。本願他力の念仏においては、自分の都合で判断したり、理屈で考えたりすることはしません。「念仏を称えれば、よいことがあるかもしれない」などという勝手な意味づけは、してはいけないのです。

現代に生きる私たちは論理的な思考に慣れています。物事に対して、「どうしてこうなるのか」「これを行うと、どんな結果になるのか」と思いを巡らせることも多いでしょう。しかし、私たちの身の回りで起きることや、人との出会いなど、世の中にはどうしても理屈では説明できないこと、言葉にできないことがたくさんあります。それらに自分なりの意味づけをする必要はありません。がんじがらめの理屈から解放されることで、見えてくるものがきっとあるはずです。

いつも見守ってくださる力がある

他力といふは如来の本願力なり
（教行信証）

「他力本願」という言葉は日常的にもよく使われますが、本来は浄土仏教の根幹となる思想を表すもので、「阿弥陀さまの本願（他力）の力（によって救われる）」ということを意味します。

浄土仏教の根本経典である『無量寿経』には、「浄土に生まれたいと願って念仏する人をすべて救います」という誓いがあり、その阿弥陀さまの願いによって人々は浄土に往

生することができるのです。
私たちは迷いの世界の中で、悩み苦しんでいます。「自分はこんなに努力しているのに、なぜ報われないのか」と感じることもあるかもしれません。しかし、阿弥陀さまはそんな人々のことも見守ってくださっているのです。
「自分で何とかする！」という態度を見直すところから始めてみるのはいかがでしょうか。

釈迦は慈父《じぶ》、弥陀は悲母《ひも》なり（唯信鈔文意）

お釈迦さまは私たちを導く父のように
阿弥陀さまは慈しみ深い母のように

心がよいから、よい行いをするのではない

わがこころのよくてころさぬにはあらず。また害せじとおもふとも、百人・千人をころすこともあるべし（歎異抄）

この言葉は、親鸞と唯円の対話によるものです。親鸞のいうことは必ず実行できるという唯円に対し、親鸞は「では私がいうなら、千人殺せますか」と問いかけます。そして、一人も殺せそうにないと答える唯円に、親鸞は「自分の思い通りに行動できるなら、殺せるはずだ。それができないのは殺す縁がないからであって、心がよいからではない」といいました。

同じように、私たちは、心が悪い人が悪い行いをしていると考えがちです。しかし、どんな人でも状況によっては大きな悪を犯してしまうことがあるのです。それほどに、私たちの心による善悪の判断というのは不確実なものなのです。

仏さまからいただく信心で救われる

正定《しょうじょう》の因はただ信心なり（正信偈）

私たちは「信心」というと、「自分が起こすもの」「自分が強く心に思うもの」と捉えがちですが、他力の信心というのは阿弥陀さまからいただくものです。そのいただいた信心こそが、私たちを救ってくださるというのがこの言葉です。

「正定」は「正定聚《しょうじょうじゅ》」を略した言葉で、「確実に浄土に往生でき、悟りへ達することが定まっている位（境地）」を表します。以前の浄土教では、「臨終の際に念仏すれば罪が滅し、浄土に往生できる」と教えられていましたが、これに対し親鸞は「罪を消すために念仏することは〝自力〟にあたる。阿弥陀さまから他力の信心をいただいたそのときに、正定聚につかせてくださるのだ」と説きました。臨終の際ではなく、信心をいただいたその瞬間に、往生することが決まるのです。

生き方が香りとしてはなたれる

染香人のその身には
香気あるがごとくなり
（浄土和讃）

お寺の本堂に一歩足を踏み入れると、そこにただようお香の香りに心がホッとするということがあるでしょう。毎日焚かれるお香は、本堂の隅々まで少しずつ行きわたり、もともとそうであったかのように香りをはなちます。それと同じように、阿弥陀さまの本願を信じて念仏をする人には、智慧の香りによってその身が染められるようになるといいます。

どのように生きているか、どのように考えているかということは、目に見えなくても、話をしなくても自然とその人から放たれています。自分ではなかなか気づくことのできない香りも、近くにいる人はよく気づくものです。毎日を丁寧に暮らし、謙虚な心を持ち続けていれば、周りにもその香りは広がっていくでしょう。

よく考え、流されずに生きる

聞思《もんし》して遅慮《ちりょ》することなかれ（教行信証）

この言葉は『教行信証』のはじめに出てくるもので、「聞思」は、聞くこと、そしてそこから考えを深めることを意味し、「遅慮」は疑問を感じてとまどい、前に進めなくなってしまっているさまを表します。「真実の教えをよく聞いて考え、疑ってはいけない」というのが、この言葉のメッセージです。

現代の社会では日々多くの情報があふれ、様々な考えを持つ人の言葉を聞くことも多いでしょう。しかし、それら一つひとつに振り回されていると自分の進むべき道が見えなくなってしまいます。このような時代だからこそ、生きるためのよりどころとなる真の教えと出遇うことが必要です。その教えを自分自身の問題として深く考えていけば、力強く前に進んでいけるようになるでしょう。

おのずと起こるはたらきを受け入れる

「自然《じねん》」といふは、「自」はおのづからといふ、行者のはからひにあらず。「然」といふは、しからしむといふことばなり（親鸞聖人御消息）

「自然《じねん》」とは、行者（念仏者）のはからいではなく、阿弥陀さまの願いによっておのずと起こるはたらきを意味します。親鸞は晩年、「自然法爾《じねんほうに》」という言葉を用いて「阿弥陀さまの願いのはたらきのまま」という表現をしていますが、これは「他力の思想」（→58ページ）を別の言葉で述べているものといえます。

私たちは誰でも物事がうまくいくように願います。しかし、自分の努力や才能とは関係なく、自然と導かれていく道というのもあるのです。ときには道からそれたり、歩みが進まないこともあるでしょう。そんなときでも「大きな願いのはたらきにおまかせする。おのずと導かれていく」との味わいを大切にしましょう。

世のなか安穏《あんのん》なれ、仏法ひろまれ（親鸞聖人御消息）

この世に生きるものすべてが
穏やかに、無事であることを願って

与えられた信心で浄土に導かれる

信心の定まるとき往生また定まるなり（末灯鈔）

『歎異抄』の最後の部分にこんなエピソードが記されています。親鸞は、師である法然の兄弟子の前で「自分の信心も法然さまの信心も同じである」といったのです。それに対し、兄弟子たちは反論しますが、親鸞は「信心は仏さまよりいただくものであるから、同じ1つのものである」と答え、それを聞いた法然もその言葉を支持しました。信心は智慧や学識に関係なく、誰でも等しいものなのです。

何かうまくいかないことがあったとき、「もっと頑張らなければ」などと考え、今の自分とは違う何者かになろうとしてしまうことはありませんか。努力するのはよいことですが、まずは今のありのままの自分をしっかり見つめることが大切です。阿弥陀さまは誰にも等しく信心を与え、浄土に導いてくださるのです。

「この道を歩む」と決める

念仏者は無礙《むげ》の一道なり（歎異抄）

「無礙」とは何にも妨げられるものがないことを意味します。「念仏をする人は、何ものにも妨げられることのない一筋の道を歩むものだ」というこの言葉の後には、「阿弥陀さまの本願を信じて念仏を称える人にはあらゆる神がひれ伏し、悪魔や他の教えを信じるものも、その歩みを妨げることはない」と力強く表現されています。

私たちの歩む人生には障害がつきものです。自分ではどうすることもできない様々な障壁に、心が折れそうになることも多いでしょう。けれど、「私はこの道を進むのだ」と強く心に決めていれば、必ず乗り越えることができます。大きな壁で前が見えなくても、そこには必ず一筋の道があることを忘れないでください。

「どう死ぬか」にこだわる必要はない

まづ善信（親鸞）が身には、臨終の善悪をば申さず

（末灯鈔）

誰でも「できるだけ苦しまずに死にたい」「穏やかな死を迎えたい」などと一度は考えたことがあるのではないでしょうか。私たちはとかく先のことに心を奪われがちです。起こるかどうかもわからないことを考えて不安になったり、恐れを感じたりすることもあるでしょう。

親鸞は、88歳のときに書いた手紙の中で、「臨終の際のよし悪しについては申し上げ

ない」と綴っています。なぜなら、信心が定まっている人は正定聚（→１３６ページ）につき、往生できることがすでに決まっているからです。

自分ではどうすることもできない臨終について恐れを抱くのではなく、阿弥陀さまに身をゆだね、与えられた命をまっとうすること。それにより、感謝しながら今を生きられるのではないでしょうか。

厳しい場面でも権力にはすり寄らない

余のひとびとを縁として、念仏をひろめんと、はからひあはせたまふこと、ゆめゆめあるべからず候ふ（親鸞聖人御消息）

これは、「建長の法難」という厳しい弾圧に苦しむ関東の門徒に対して書かれた手紙の一節で、「余の人（権力者）にすり寄って教えを広めるようなことがあってはならない」と記されています。この続きには、今住んでいる場所にいられないのならば、他の場所へ移り、念仏のなかで生きるべきであるとも述べられています。

八方塞がりのような厳しい状況で自分の信念を貫き通すのには覚悟が必要です。しかし、一度自分の軸を失ってしまえば、その時々でふらふらと強い者にすり寄る人生となるでしょう。今は苦しくても、真の教えを信じて生きること。いつか必ず救われるときがくるのです。

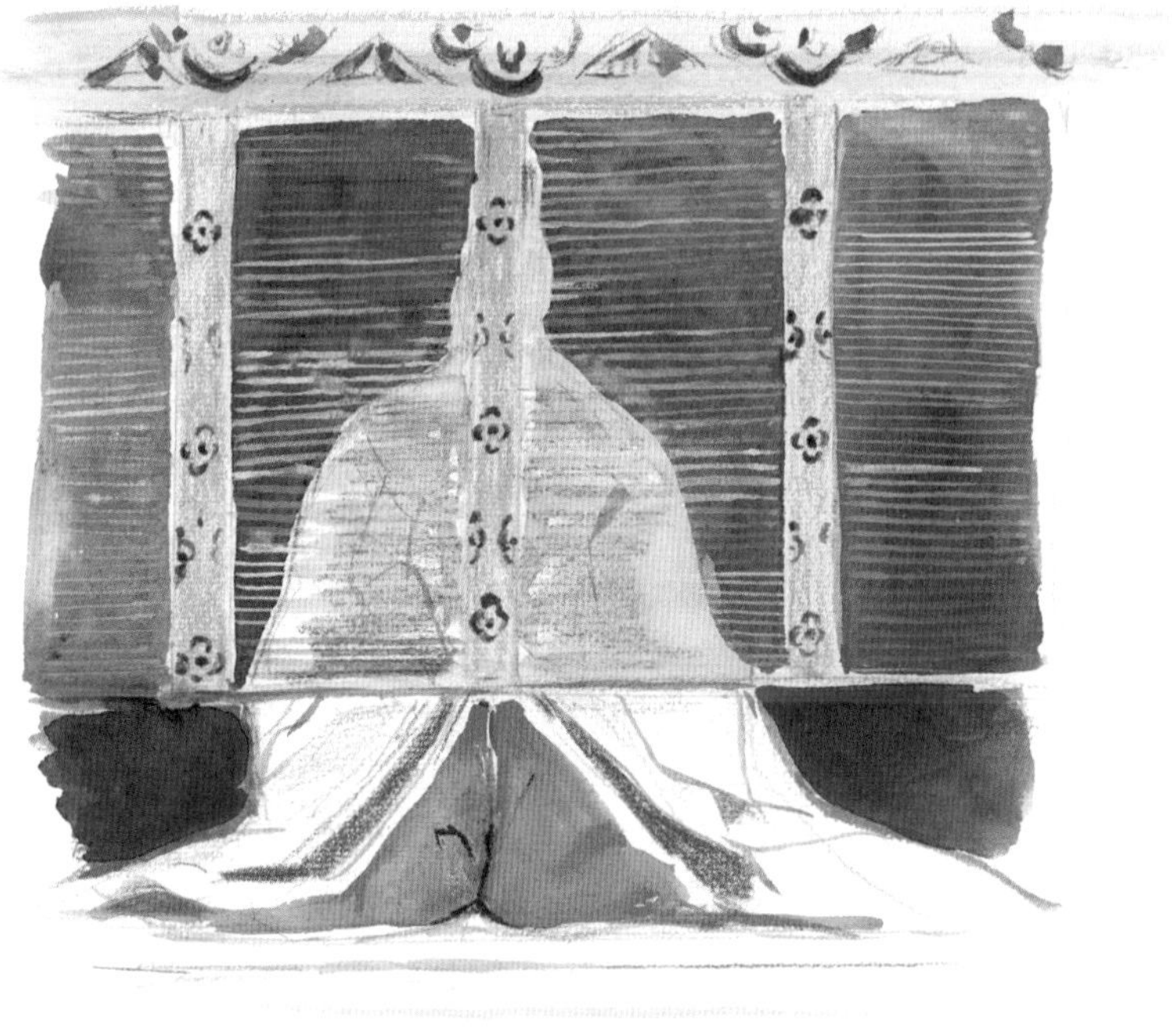

無礙難思の光耀は、苦を滅し楽を証す（浄土文類聚鈔）

あらゆるものを照らす阿弥陀さまの光は
苦を取り除き、安楽をもたらしてくれる

地図

親鸞の伝道の道のりです。
是非、一度訪ねてみてください。

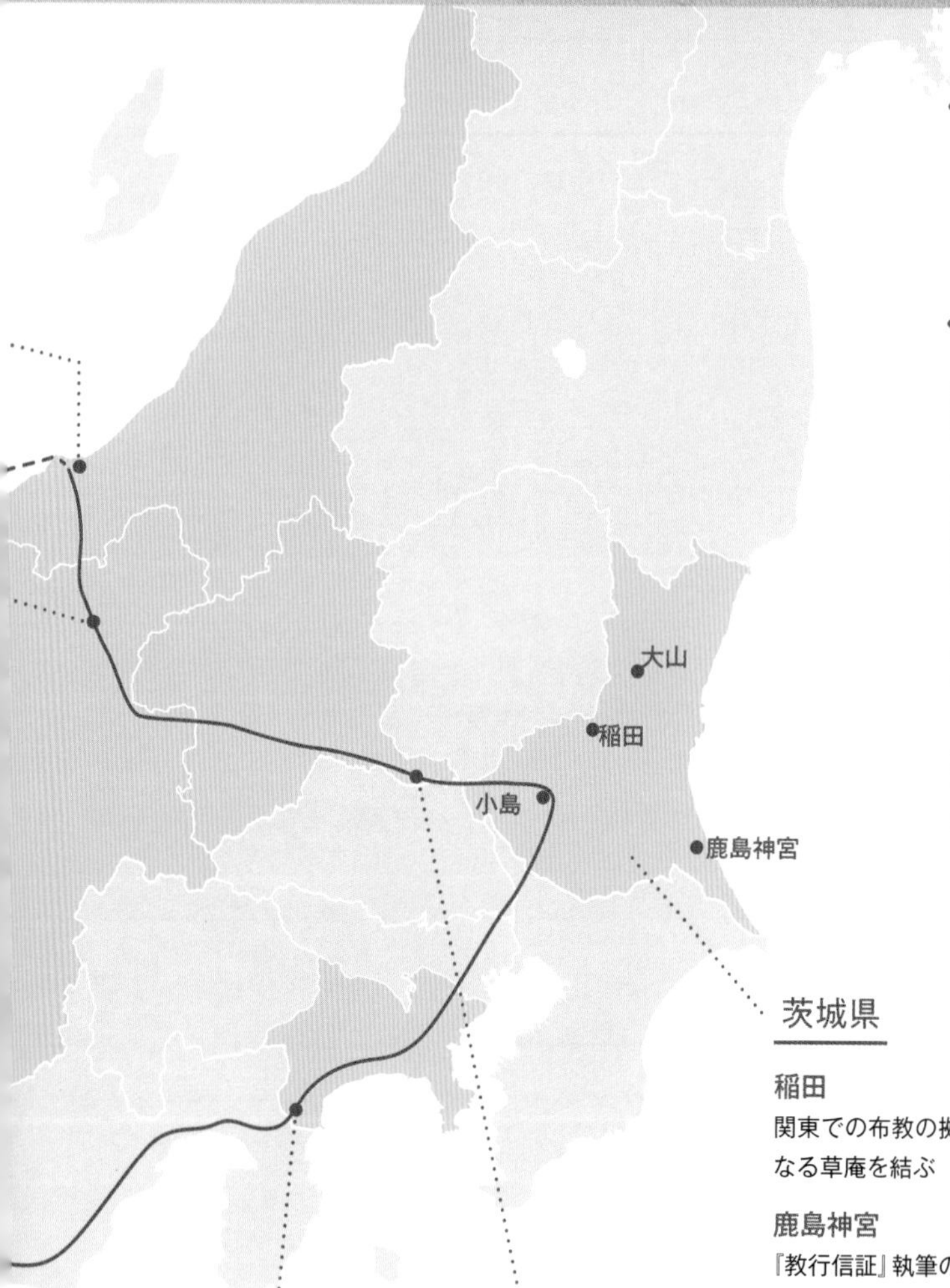

茨城県

稲田
関東での布教の拠点となる草庵を結ぶ

鹿島神宮
『教行信証』執筆のためたびたび足を運ぶ

小島
郡司が草庵を設けて親鸞を迎え、親鸞が３年ほど住む

大山
法然の門下を頼って草庵を結び、関東布教の中心とする

神奈川県

箱根
関東から京へ移る道中、社人に迎えられて３日間を過ごす

群馬県

佐貫
「浄土三部経」の千部読誦を発願するも、やがて中止する

長野県

善光寺
布教のため関東に移る道中で立ち寄ったとされる

新潟県

越後国府
専修念仏の停止によって流罪となる

京都府

京
日野の里（現・京都市伏見区）で生まれる
9歳のとき、慈円のもとで出家する
29歳の頃、法然と出遇う
60歳を過ぎた頃、関東から帰り、以後精力的に執筆を行う

滋賀県

比叡山
10代、20代の日々を修行と学問に励んで過ごす

年表

親鸞の誕生から往生までの年表です。
親鸞の人生の旅路を簡単に紹介します。

西暦（和暦）	年齢	出来事
一一七三（承安三）	1歳	京都・伏見に生まれる。
一一八一（養和元）	9歳	青蓮院で慈円のもと出家。以降約20年比叡山で修行と学問に励む。
一二〇一（建仁元）	29歳	比叡山を下り、六角堂に参籠する。
		この頃法然と出遇い、専修念仏の道を歩み始める。
一二〇五（元久二）	33歳	法然より『選択集』の書写を許される。
一二〇七（承元元）	35歳	専修念仏の停止、および越後国（新潟県）に流罪となる。
一二一一（建暦元）	39歳	流罪を許され、後に関東へ赴く。
一二一四（建保二）	42歳	上野国（群馬県）で「浄土三部経」千部読誦を発願するが、やがて中止する。
一二二四（元仁元）	52歳	主著『教行信証』の草稿が完成する。
一二三一（寛喜三）	59歳	病に臥し、夢中に以前の「浄土三部経」読誦中止を想って反省する。
		（60歳を過ぎた頃に帰洛し、以降、精力的に著作に励む）
一二五六（康元元）	84歳	息子の善鸞を義絶する。
一二六二（弘長二）	90歳	親鸞、往生する。

［監修］釈 徹宗（しゃく てっしゅう）
相愛大学副学長・人文学部教授。宗教学者。浄土真宗本願寺派如来寺住職。NPO法人リライフ代表。宗教思想や宗教文化の領域において、比較研究や学際研究を行っている。論文「不干斎ハビアン論」で涙骨賞（第五回）、著書『落語に花咲く仏教　宗教と芸能は共振する』で河合隼雄学芸賞（第五回）、また仏教伝道文化・沼田奨励賞（第五十一回）を受賞している。近著に『観無量寿経をひらく』（NHK出版社）、『天才 富永仲基』（新潮新書）、『歎異抄 救いのことば』（文春新書）など。

［画］臼井 治（うすい おさむ）
日本画家、日本美術院 特待。愛知県立芸術大学大学院美術研修科修了。師は片岡球子。愛知県立芸術大学日本画非常勤講師、同大学法隆寺金色堂壁画模写事業参加を経て、現在は朝日カルチャーセンターなどで日本画の講師を務める。また、国内のみならずリトアニア、台湾など海外での個展も開催。近年は、寺社の障壁画、屏風画を手掛けるなど、日本古来の伝統的技法を駆使し多岐に渡り活躍中。

［参考文献］浄土真宗聖典 註釈版 第二版（本願寺出版社）／歎異抄 救いのことば（文春新書）／NHK「100分 de 名著」ブックス 歎異抄：仏にわが身をゆだねよ（NHK出版）／親鸞 100の言葉（宝島社）／ほっとする親鸞聖人のことば（二玄社）／親鸞 救いの言葉（ナガオカ文庫）／図説 あらすじでわかる！親鸞の教え（青春新書）など

装丁デザイン	宮下ヨシヲ（サイフォン グラフィカ）
本文デザイン・DTP	渡辺靖子（リベラル社）
編集	安田卓馬（リベラル社）
編集協力	宇野真梨子
編集人	伊藤光恵（リベラル社）
営業	廣田修（リベラル社）

編集部　山田吉之・鈴木ひろみ
営業部　津村卓・澤順二・津田滋春・青木ちはる・竹本健志・春日井ゆき恵・持丸孝
制作・営業コーディネーター　仲野進

くり返し読みたい 親鸞

2021年6月28日　初版

編　集　リベラル社
発行者　隅田直樹
発行所　株式会社 リベラル社
〒460-0008 名古屋市中区栄3-7-9 新鏡栄ビル8F
TEL 052-261-9101　FAX 052-261-9134　http://liberalsya.com
発　売　株式会社 星雲社（共同出版社・流通責任出版社）
〒112-0005 東京都文京区水道1-3-30
TEL 03-3868-3275

©Liberalsya 2021 Printed in Japan ISBN978-4-434-28987-3　C0015
落丁・乱丁本は送料弊社負担にてお取り替え致します。

リベラル社　好評発売中の本

くり返し読みたい
空海
監修：近藤堯寛
画：臼井 治

くり返し読みたい
般若心経
監修：加藤朝胤
画：臼井 治

くり返し読みたい
禅語
監修：武山廣道
画：臼井 治

くり返し読みたい
ブッダの言葉
著者：山川宗玄
画：臼井 治

くり返し読みたい
論語
監修：野村茂夫
画：臼井 治

くり返し読みたい
孫子
監修：渡邉義浩
画：臼井 治

すべて 四六判／160ページ／定価1,320円（税込）